सफर, एहसास का....

कभी तो उन से मिले....

Neeraj, NHV

BookLeaf Publishing
India | USA | UK

Made with ❤ on the BookLeaf Publishing Platform
www.bookleafpub.in
www.bookleafpub.com

Dedication

वो दर्द जो हम महसूस तो करते हैं पर किसी से कह नहीं सकते कि हमारे अपने हमसे रुठ ना जाएं। कुछ टूटी हुई उम्मीदें जिन्हे अपनों से ही कहना मुश्किल हो जाता है और अकेला सहना भी आसान नहीं होता।

प्यार होने की चमक, प्यार में बिन पंख उड़ाने की ख़ुशी, दिल टूटने का दर्द और फिर कभी ना ख़तम होने वाली टूटी उम्मीदों का दर्द...

अगर आप भी जिंदगी के एसे ही कश-मकश में हों तो ये दिल के अल्फाज शायरी के रूप में सिर्फ आपके लिए ही हैं....

Preface

आजकल के समय में जहां इंसान एक व्यावहारिक जीवन में व्यस्त है, वाहा किसी के प्यार या भावनाओं की कदर खो गई है।
हम एक परिवार में रहते हुए भी अकेले हैं क्योंकि किसी को हम नहीं समझ पाते तो कोई हमें नहीं समझ पाता।

मेरी कविताएँ प्रेम और सबर को दिखाती हैं जिसे कभी किसी ने अपने प्यार के आसमान पर बैठा के ये बताया के सपने कभी सच नहीं होते, उन्हें टूटना ही होता है।

हर एक शायरी में कहीं ना कहीं आपको अपने दर्द का एहसास होगा क्योंकि प्यार की परिभाषा और दर्द, सब का एक जैसा ही होता है....

Acknowledgements

धन्यवाद उन सभी को जिन्होंने मेरे दर्द को बयान करने की एक छोटी सी कोशिश को प्रोत्साहन दिया और मुझे स्वीकार किया...

धन्यवाद उन सभी को जिनको मैं जानती तो हूं पर कहीं ना कहीं मेरी कविताओं ने उनके दिल को छुआ जरूर है....

सबसे महत्वपूर्ण, धन्यवाद उस इंसान को जिसने मुझे यहां तक आने के लिए प्रेरित किया, वो नहीं होते तो मेरा ये सपना बस सपना ही रह जाता....

"वो जो दर्द है मेरे दिल का, दवा भी वही लगता है ज़ख्मों पर"

HV....

1. दिल से निकली दुआ....

मैं शब्द तो तू मेरा अर्थ बन गया,
मैं शाम तो तू मेरी सुबह बन गया....

इतने इंतज़ार के बाद तुम्हें पा ही लिया,
देख तू मेरे हर दर्द की दवा बन गया....

तुझे पाना आज भी एक सपना सा है मेरे लिए,
आख़िर कर तू मेरे सपनों से निकल हकीकत बन गया....

जब जब मैंने उस मालिक का सजदा किया,
तू मेरे दिल से निकली हुई दुआ बन गया....

NHV....

2. तेरा शुक्रिया....

तेरा शुक्रिया किन शब्दों में करु, पर एक कोशिश मेरी तुम सुन लो ना....
तुम जिंदगी में आए मेरी उसका शुक्रिया, फिर अपने काबिल समझा एक उसका शुक्रिया....
मेरी जिंदगी तो बहोत नीरस सी जा रही थी, फिर मुझे खुल के जीना सिखाया एक उसका शुक्रिया...
हम अकेले, तुम भी अकेले,और इस अकेलेपन में मुझे अपना साथी बनाया उसका भी शुक्रिया....

प्यार कर तो लेता है कोई भी,पर उस प्यार को बीना शर्त निभाने के लिए शुक्रिया....
मोहब्बत का वादा ता-उम्र का होता है, और उस वादे को मेरा हाथ थाम निभाने के लिए भी शुक्रिया....

अंत में बस यही कहूँगी....कुछ शब्दों में तुम्हारी अहमियत नहीं बयान हो सकती,
लेकिन हमारे प्यार को रिश्ते का नाम देने के लिए तुम्हारा बहोत बहोत शुक्रिया....

NHV....

3. तुम्हारे साथ जीना चाहती हूं....

आधी जिंदगी रो के गुजार दी है, अब तुम्हारे साथ मुस्कराना चाहती हूं,
तुम्हें अपनी पलकों पर बिठा सपनों का एक जहां बसाना चाहती हूं...

प्यार क्या होता है, कैसे करते हैं ये तुमसे ही जाना है,
अब इस प्यार को अंत तक बिन शर्त तुम्हारे साथ निभाना चाहती हूं...

कल क्या होगा पता नहीं, पर जब जब मेरी आंखे खुले में तुमको
अपने रु- ब- रू पाना चाहती हूं....

मैं भी किसी के लिए जरूरी हू, ये एहसास हर पल कराते हो तुम और
हाँ मैं भी आखिरी साँस तक सिर्फ तुम्हारी हू ये बात सच कर दिखाना
चाहती हूं.....

NHV....

4. दुआ का असर...

जिंदगी से तो मैं कब की निराश हो चुकी थी के तेरी दस्तक आई,

आँखों में चमक, होंठो पर हसी और जिंदगी में फिर जिंदगी आई,

तेरे इंतजार में कुछ ने तो पागल भी कहा, पर तेरे लिए इस पागलपन
में भी मुझे मेरे प्यार की खुशबू ही आई,

रू-ब-रू तुझे देख के यकीन तो नहीं हुआ पर जब तु पहली बार मिला
तो लगा के शायद मेरी मोहब्बत रंग है लाई,

और वो कहते है ना दिल से मांगों तो उपर वाला देता जरूर है तो देख
आखिर मेरी दुआ तुझे मेरी किस्मत में ले ही आई....

NHV....

5. सुनो....तुम बहोत जरूरी हो मेरे लिए.....

हाँ तुम, तुमको सबकी फ़िकर है पर तुम मेरी हर फ़िक्र में शामिल हो,
और सुनो इसे के तुम मेरे लिए कितना जरूरी है....

तुम जो सुनते नहीं किसी की, पर मेरी बक-बक एसे सुनते हो जैसे कोई कलमा हो,
शायद मेरे बिना तुम्हारी भी जिंदगी अधूरी है....

हर दर्द तुम्हारे साथ बांट, तुम्हें हर पल हंसाना हैं,
और तू सबसे प्यारा है इस दुनिया में, ये एहसास तुझे हर पल कराना हैं....

हरि, तुमने मुझे तब सम्भाला जब मै अंधेरों में खोने ही वाली थी,
और अब मुझे तुम्हारे लिए प्यार के अनगिनत दिए जलाना है....

मैं आपके साथ हूँ जिंदगी के हर सुख-दुख में आखिरी साँस तक,
ये यकीन तुमको हर कदम दिलाना है....

NHV.....

6. काश वो हकीकत बन जाता....

ज़िंदगी में सुकून के लिए काश-म-कश करती हुई मैं, काश वो मेरा चैन बन जाता...
सीने में बार बार उठता जो सहना मुश्किल हो रहा है, काश वो उस हर दर्द पर मरहम बन जाता...

इस दिल और दीमाग की लदाई में सोना भी भूल जाति हु कभी कभी,
काश वो मेरी बे-फ़िकरी की नीन्द बन जाता...

सब छोड़ते चले गए पर कोई मेरा भी अपना होता तो हक़ जताती,
काश वो मेरा हाथ थाम इस अकेलेपन का साथी बन जाता...

हा में जनती हु कभी कभी ज़्यादा ही बोल देती हु पर,
कश वो बिन कुछ कहे मेरे इज लहजे की वजाह बन जाता...

मैं और मेरा दिल जानते है ये किरदार सिर्फ किताबो में पाए जाते है पर,
काश वो मेरे लिए एक बार ही सही किताबो से निकल हकीकत बन जाता...

NHV....

7. काश-म-काश, दिल और दिमाग की...

चाहो तो तोड़ दो, कुछ पलो की ही तो बात है,
जोड़े रखने का हुनर तो बस निभाने वाले जान पाएंगे...

जब दिमाग कहे छोड़ दे और दिल कहे एक मौका और दे,
तो ये दिल-दिमाग की जंग में दो प्यार करने वाले ही पिस्ते जायेंगे...

रिश्ता हमारा है तो संभालेंगे भी हम ही,
क्यों फिर सलाह देने ये दुनियावाले आएंगे...

इतिहास गवाह है, जब जब दो लोगो के बीच कोई तीसरा आया है
फिर तो वो रिश्तों का तमाशा ही बनाएंगे....

ये देखना अब सिर्फ हमको है, मिसाल बने या खाक,
क्योंकि जो आज हमदर्द बने बैठे हैं वही एक दिन हमारा मजाक
उड़ाते नजर आएंगे....

NHV....

8. अगली बार बस मेरे बनके आना...

कभी मेरी उलझन समझनी हो तो दिल लेकर आना,
दिमाग लाओगे तो समझ नहीं पाओगे....

कभी छूना हो मेरे मन को तो एहसास लेकर आना,
जिस्म लेकर आओगे तो मुझे मेहसूस नहीं कर पाओगे...

मेरी हंसी की वजह बनना हो तो मेरी छोटी छोटी बातों पर मुस्कुराना,
अहंकार लेकर आओगे तो दिल में नहीं उतर पाओगे...

कभी मेरी मांग का सिन्दूर बनाना हो तो इज्जत का रंग लेकर आना,
पति बनके आओगे तो बस पति ही बनके रह जाओगे....

कभी मैं या तुम से हम बनाना हो तो मेरे बन कर आना,
दुनिया के बनके आओगे तो दुनिया के ही होके रह जाओगे....

NHV....

9. तू दूर ही सही था....

तू जब नहीं मिला था तो तुझे पाने की दुआ करती थी,
तू दूर ही सही था हमारी नज़रिकियों के लिए....

खुद को तेरी दुल्हन समझ खूब इतराया करती थी,
ये मेरा सपना ही अच्छा था इस रिश्ते की खुबसुरती के लिए....

बड़े चाव थे मांग सिन्दूर, गले मंगलसूत्र के,
काश ये जिद्द पूरी ना होती इनका मान रखने के लिए....

वो बे-क़दर नहीं होगा कभी ये पूरा यकीन था,
थोड़ा तुम भी तो आगे आते मेरी इस बात को सही साबित करने के लिए....

वो मुझे कभी नहीं टूटने देगा, उसकी जान हूं मैं,
काश वो मेरी ये उम्मीद बचा लेता मुझे मुझी में जिंदा रखने के लिए...

NHV....

10. सब तेरे ही हाथ में है....

तुम चाहो तो हम एक नई शुरुआत कर सकते हैं,
पर हमारा झुकना जरूरी है इस रिश्ते को फिर से उठाने के लिए...

तुम चाहो तो हम साथ भी चल सकते हैं,
पर दुनिया से पहले तुम्हें मेरा हाथ पकड़ना होगा कदम से कदम
मिलाने के लिए....

तुम चाहो तो मुझे ढाल लो अपनी मर्जी से,
पर थोड़ा मेरा मान भी रख लेना सबके सामने सात फेरों की मर्यादा
बनाए रखने के लिए...

तुम चाहो तो हम एक मिसाल भी बना सकते हैं दुनिया के लिए,
पर तुम्हें तय करनी होगी इस रिश्ते की अहमियत मिसाल बनाने
के लिए....

हा तुम, तुम्हारे ही हाथ में है अब बना दो या मिटा दो क्योंकि,
मैंने तो दुनिया कब की छोड़ दी है बस एक तुम्हें पाने के लिए.....

NHV....

11. मजबूरी या मर्जी ??? पता नहीं ....

उसको मालूम है दिल टूटता है मेरा,
फिर भी वो अपनी आदतो से बाज कहा आता है...
उसे शायद ये मालूम नहीं एक दिन दिल यू ही ही मर जाता है...

हम दोनो की आँखों में रोज एक नई उम्मीद होती है,
पर सेहर होते होते वो उम्मीद भी देह जाता है...
और वो अपने बेबाक़ी बरताव से हमारे रिश्ते पर सवाल खड़े कर जाता है....

बहुत सोचा चली जाउ, पर कहा,
ये सवाल जिसका कोई जवाब नजर नहीं आता,
और फिर किस्मत से ज्यादा कहा किसी को सुख मिल पाता है....

काश के कभी वक्त को पीछे ले जा सकती तो खुद को औरत ना बनाती,
क्यूकी औरत होना इस दुनिया में सिर्फ सहना ही सिखाता है....

NHV...

12. उसका गुरूर और मेरा प्यार...

कि वो प्यार तो करता है और निभाता भी है,
पर साथ देना भूल जाता है,
शायद उसे मालूम नहीं बिना साथ के मोहब्बत के मायने नहीं होते हैं....

के चार दीवारी में उसकी मोहब्बत मुझे आसमां पर बिठा देती है,
और दरवाजे के बाहर वो मुझे मेरी ही नजरों से गिरा देते है...

मैं इंतज़ार में रहती हूं के कभी तो वो मुझे समझेगा पर,
उसके शब्द एक ही पल में मुझे मेरी औकात दिखा देते हैं...

के उसके इंतज़ार में खुद को ना होने दिया मैंने किसी और का पर,
वो अपने गुरूर की खातिर मेरी हस्ती ही मिटा देते है....

NHV....

13. मैं भी तो तेरा ही हिस्सा हूं...

मैं भी तो तेरा ही हिसा हू, यू मुझे रुसवा हर बार ना कर...
तुझे अपनी पलकों पर बिठाया है मेंने, मुझे इस कदर बद-किरदार ना कर...

मैं भी इस घर की बेटियों की तरह तेरे ही घर की इज्जत हूं, मुझे बे-इज्जत सरेआम ना कर...
इस घर की बेटियाँ किसी और के नाम से और मैं तेरे नाम से जानी जाती हूं,
अपने नाम को तो कम से कम बेज़ार ना कर...

तू अपना फ़र्ज़ निभा, पर उनकी खुशियाँ किसी और के साथ है,
जो तेरे लिए जीती है उसकी खुशियों को यू गम-ए-बाज़ार ना कर....

के कही बोहोत देर ना हो जाए, संभल ले इस रिश्ते को,
एक ही घर में हमें एक दूसरे से अंजान ना कर...

बड़ी मुश्किल से आंखों में जीने की उम्मीद आई है,
उन उम्मीदों को यहां तक ला के अब तार-तार ना कर....

NHV....

14. वो...हर दर्द में अकेली क्यूँ ????

वो लड़की जो कभी जमाने से नहीं डरी पर तुम्हारी तेज आवाज उसे
क्यूँ डरा जाती है,
खुद को समेट लेती है वो अपने ही आगोश में के बीते पल की यादे
उसे आज भी रुला जाती है....
गुस्से में सब भूल कर क्यों तुम उसके सम्मान को ठेस पहुंचाते हो, क्या
वो तुमसे अपने लिए यही चाहती है,
और यहां तुम्हारे अपनों के बीच सिर्फ तुम उसके हो ये एहसास वो
तुम्हें क्यूँ हर पल दिलाती है...

सबने तो बस उसपे उंगली ही उठाई है पर तुम्हारे होते हुए भी क्यों वो
खुद को अकेली ही पाती है,
और उसके मन की बाते क्यू तुम समझ नहीं सकते, क्या वो तुम पर
अपना इतना भी अधिकार नहीं चाहती हैं....

हर जिमेदारी खुद को मार के बिभाने वाली वो, तुम्हारे होते हुए भी
उसी कश-म-कश में जी रही है,
और सोचो उसकी आत्मा पर कितना बोझ होता होगा जो हर दर्द में
खुद को हमेशा अकेला ही पाती है....
NHV....

15. और वो फिर गिरता ही गया....

उसने शुरुआत तो कर दी है गिरने की,
देखो ये सिलसिला अब कितनी दूर जाता है,
वो जो मेरे सर का ताज हुआ करता था,
देखो अब कब तक संभल पाता है....

ये मेरा ही घर है, सपना ये वो रोज़ दिखता है और जब उसी घर को
सवारती हूं तो वो अपनी हर बात से मुकर जाता है...

वो कहता तो है मेरी कमी थी इस मकान को घर बनाने में,
पर जब जब मैने कोशिश की वो मुझे गलत ठहरा के,
मेरी ही जगह बता जाता है...

मैं जानती हूं उसकी नजरों में हमेशा मैं ही गलत साबित कर दीं
जाऊँगी,
और काश कभी तो एहसास हो उसे के उसके इस बरताब से,
मेरा दिल रोज थोड़ा थोड़ा मरता जाता है...

NHV....

16. इन्तेज़ार....उस वक्त का

किस से कहें के वो तन्हा है, यहां तो सब अपनी उलझनों में जिए जाते
है...

वो कश्मश जो सुलझे के भी सुलझती नहीं,
अब तो बस हम काश के सहारे सब सहे जाते हे...

सपने आज हकीकत हे पर, ये हकीकत भी तो सपना ही हे,
कैसे कहे उनसे के हम आज भी एक सपने को सच करने में जिए
जाते हे...

आज बहोत कुछ कहना है पर लफ़्ज़ नहीं मिलते,
और एक बार फिर हम बिन मकसद जिए जाते हैं....

ना कोई समझा था, ना समझता है फिर भी फिर भी हर दिन एक नयी
उम्मीद लिए आता है....

और वो कहते हैं हमारा भी वक्त आएगा एक दिन,
और हम उस व्यक्त के इंतजार में हर वक्त मर मर के जिए जाते हैं....

NHV.....

17. तेरे लिए ही तुझसे लड़ती हु.....

जो रिश्ते बनाए थे उन्हीं में उलझती जा रही हूं, एक तुझे पाने के लिए
मैं खुद मे मरती जा रही हूं....
तेरे उन बेजान से मैसेजो में तेरे अल्फ़ाज आज भी जिंदा है मेरे पास,
पर खुद में सांसे होते हुए भी बेजान सी होती जा रही हूं, तु कभी तो
सोच मुझे, में तेरे लिए ही तुझसे लड़ती जा रही हूं....

तू मना लेगा ये सोच छोटी-छोटी बात पे आंसू बहा दिया करती थी,
पर आज देख अपने आंसुओ को अपनी हसी से छुपाए जा रही हूं, तू
ही मेरे जीने की वजह है,
मेहसूस कर आँखों की नमी और में यही बात हर दिन तुझे बताये जा
रही हूं मैं....

हम दोनों ने जिंदगी के हर मोड पे साथ निभाने का वादा साथ ही तो
किया था ना,
फिर क्यो आज मैं ये सारे वादे अकेले ही निभाए जा रही हूं...

के कही कभी मेरी आंखे ना खुले, उस से पहले देख ले,
के तुझे पाने के लिए मैं खुद मे मरती जा रही हूं....

NHV....

18. क्या मैं अकेली काफी नहीं....

तू मुझसे प्यार ना कर, ना कर कोई साथ रहने की तालाब,
मेरे प्यार की ये शर्त तो नहीं थी...
और क्या मैं अकेली काफी नहीं इस रिश्ते को निभाने के लिए....

तू मेरा, मैं तेरी ये वादा है चाहे कोई कुछ भी कहे,
तू बस गया है मेरी रूह में अब अलग केसे होगा,
के तेरा एहसास ही काफी है तुझे मेरे करीब लेन के लिए....

सबने कोशिश तो बहुत की के हम टूट जाए,
पर शरीर से आत्मा का रिश्ता कोन तोड़ पाया है,
और आंखे बंद करते ही तू आज भी मेरे पास होता है,
मेरी इबादत की काफी है तुझे मेरा बनाने के लिए....

सुनो, ये याद रखना, हमारा रिश्ता उस रब की रहमत है,
फिर इस दुनिया के आगे क्यू रोना,
के वो रब ही काफी है हमारे प्यार को परवान चढ़ाने के लिए

NHV....

19. तू पहले जैसा होके तो देख...

कभी तो तू अपने गिरेबान में झांक कर देख,
मेरे अरमानों की लाशें ना पाए तो कहना...

कभी तो तू पीछे मुड़ कर भी देख,
तू खुद को आज मेरे लिए बदला हुआ ना पाए तो कहना....

हाथ जब पकड़ा था तूने तो बहुत बड़ी बातें थी,
तू उन बातों को दोहरा के तो देख, सब ठीक न हो जाए तो कहना...

कल भी तेरे हाथ में था, आज भी तेरे ही हाथ में है,
तू मेरे लिए खड़ा हो के तो देख, मुझे अपने कदमों में ना पाए तो
कहना....

NHV....

20. तू दर्द दे, मैं प्यार ही दूंगी...

उनको कहा दिखता है ज़ख्म मेरे, जो बस अपने लिए ही मरहम लिए
रहते हैं...

काश कभी तो वो देखे मेरे ज़ेहन-ओ-दिल में, के हम कितने दर्दो में
बसर करते हैं...

मैंने तो उनके हर दर्द को अपना समझ कभी अकेला न होने दिया,
और वो मुझे ही हर रोज़ एक नया ज़ख्म देने की तैयारी में रहते है....

अब दिल पूरा भर चुका है उसकी बे-कादरी से के प्यार की जगह ना
बची,
पर इन नैनो को कैसे समझाए के ये आज भी बस उसके इन्तेज़ार में
बहा करते है...

कहते हैं प्यार अंधा होता है, मैं तो ये भी साबित कर दिया,
वो कितने भी बे-परवाह हो जाए मेरे लिए, फिर भी हम सिर्फ उनसे ही
इश्क का दावा करते हैं....

NHV....

21. तेरी शिकायत अब किस से करे....

तेरी तो शिकायत भी मैं किसी से नहीं कर सकती,
मैंने हर एक से कहा था तुझसे बेहतर कोई नहीं....

तूने तो सपने दिखाये थे एक घरौंदा बनाने का,
पर तू निभा ना सका ये वादा इस बात से गिला अब कोई नहीं...

तेरे ही तेरी खुशी से नाखुश है और मैं अपनी आँखों के सामने तुझे बिखरता कैसे देखती,
के इस बात पर मेरा इख्तियार अब कोई नहीं...

चाह के भी तुझे छोड नहीं सकती, तुझमें जान बसती है मेरी,
पर तेरी जिंदगी में मेरा मुकाम अब कोई नहीं...

मैं जानती हूं मेरी एहमियत अब ना रही तेरे गलियारों में,
फिर भी तुझसे मोहब्बत की इल्तेजा करू ये अब मेरे किरदार में नहीं....

NHV....

www.ingramcontent.com/pod-product-compliance
Lightning Source LLC
LaVergne TN
LVHW050830051026
849532LV00008B/3209
* 9 7 9 8 9 0 0 8 1 0 0 4 1 *